DIPLÔMES

ET

LETTRES SOLENNELLES

DE PHILIPPE VI DE VALOIS

PAR

Jules VIARD

PARIS (VIe)

LIBRAIRIE ANCIENNE HONORÉ CHAMPION, ÉDITEUR

5, QUAI MALAQUAIS

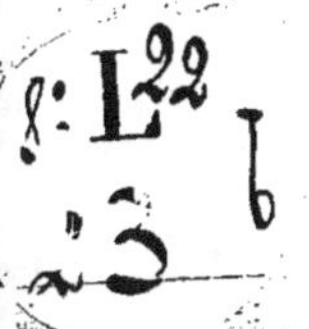

DIPLÔMES

ET

LETTRES SOLENNELLES

DE PHILIPPE VI DE VALOIS

PAR

Jules VIARD

PARIS (VIe)

LIBRAIRIE ANCIENNE HONORÉ CHAMPION, ÉDITEUR

5, QUAI MALAQUAIS

EXTRAIT DU MOYEN AGE

2ᵉ Série, Tome XV

(Juillet-Août 1911)

DIPLÔMES

ET

LETTRES SOLENNELLES

DE PHILIPPE VI DE VALOIS

Dans un grand nombre de questions historiques, il faut beaucoup se méfier des affirmations trop absolues. Ainsi, M. Octave Morel, en déclarant, dans son volume sur la *Grande chancellerie royale* [1], qu' « à l'avènement de Philippe VI de Valois, l'ancien diplôme solennel a disparu » et qu'il n'existe « plus d'actes qui portent le monogramme royal, les souscriptions des grands officiers ou la mention *vacante cancellaria* », commet une grave erreur. De ce que lui et les diplomatistes qui l'ont précédé n'ont plus trouvé d'actes de ce genre, cela ne prouve pas qu'ils n'existent plus. Du Cange, dans son Glossaire [2], et Mabillon, d'après lui [3], disent que les rois de France firent usage du monogramme, de Clovis Ier à Philippe IV ; et à la fin du tome V du Glossaire de Du Cange [4], on trouve un tableau représentant les différents monogrammes en usage dans la chancellerie des rois de France, jusqu'à Philippe le Bel. On pouvait donc conclure qu'au moins jusqu'à ce roi, la monarchie délivra des diplômes.

1. P. 121 et 126.
2. V° *monogramma*.
3. *De re diplomatica*, p. 110.
4. Éd. Fabre.

M. Giry [1] fit faire un progrès à la diplomatique sur cette question. Après avoir constaté que rares déjà sous le règne de saint Louis, les diplômes deviennent tout à fait exceptionnels sous ses successeurs, il ajoute : « Les derniers que j'aie rencontrés émanent de Philippe le Long » ; mais il ne dit pas que ce soient les derniers qui existent. Il dit de même, pour le monogramme, sans rien préciser, que son usage s'est conservé dans les actes les plus solennels de la chancellerie royale jusqu'aux premières années du xive siècle. Or, on verra, à la suite de cet article, qu'il faudra désormais reporter au moins jusqu'aux premières années du règne de Philippe de Valois la période dans laquelle on trouve encore des diplômes [2]. De plus, nous pourrons faire constater que pendant cette période dans laquelle nous trouvons les derniers diplômes (je ne dis pas que ce soient les derniers qui existent), on assiste comme à une sorte de transition entre la charte, ou diplôme et les lettres en forme de charte.

Qu'est-ce qui caractérise, en effet, les diplômes ? Ce sont l'invocation à la Trinité, la souscription des grands officiers et le monogramme. Or, ces caractères, nous les trouvons d'une manière absolue dans les cinq chartes de Philippe VI dont nous allons nous occuper.

Ces chartes sont toutes de l'année 1330 (n. st.) : deux du mois de janvier, deux du mois de février et une du mois

---

1. *Manuel de diplomatique*, p. 757-758.

2. M. Prou, professeur de diplomatique à l'École des Chartes, avait déjà eu connaissance au moins de quelques-uns des diplômes et des lettres que nous signalons, car « depuis la deuxième année de mon professorat », nous écrit-il, « j'enseigne que la chancellerie royale a continué d'expédier les diplômes avec invocation, monogramme et souscription, au moins jusque sous le règne de Philippe de Valois ; mais, ajoute-t-il, « ce que je professe n'est connu que de mes élèves ». Il cite même expressément, comme étant le plus récent diplôme qu'il ait rencontré, le même que nous avons, à notre tour, retrouvé et que nous signalerons plus loin, d'avril 1330 (n. st.), transcrit dans le registre des Archives nationales JJ 66, n° 156.

d'avril. On pourrait peut-être croire que la chancellerie de Philippe de Valois ayant à confirmer des diplômes accordés antérieurement, donna aux chartes confirmatives une forme identique à celle des pièces qu'elle confirmait. Il n'en est rien. Dans une charte[1], le roi confirme une sauvegarde accordée par Philippe le Long, le 8 mars 1318 (n. st.), en faveur de l'Hôtel-Dieu de Pontoise. Or la charte de Philippe le Long débute simplement par la formule ordinaire : *Philippus, Dei gracia Francorum et Navarre rex, notum facimus*, etc., tandis que celle de Philippe de Valois débute solennellement par : *In nomine sancte et individue Trinitatis, Amen. Philippus Dei gracia Francorum rex, notum facimus*, etc., celle de Philippe le Long se termine par cette formule : *Quod ut perpetue stabilitatis robur obtineat, presentes litteras sigilli nostri fecimus impressione muniri. Actum Parisius die VIII[a] Marcii, anno Domini millesimo trecentesimo decimo septimo*, tandis que dans celle de Philippe de Valois on trouve la souscription des grands officiers et le monogramme.

Dans l'autre charte confirmative le même fait se reproduit. C'est un diplôme d'avril 1330 (n. st.) par lequel Philippe VI confirme une sentence du sénéchal d'Agen des 16 et 17 janvier 1328 (n. st.), réglant différents conflits de juridiction temporelle et de possession qui s'étaient élevés entre les gens de l'évêque d'Agen, d'une part, et ceux de l'évêque de Condom, d'autre part, à propos de la nouvelle délimitation de ces deux diocèses par le pape Jean XXII[2]. Or la sentence du sénéchal d'Agen commence ainsi : *Noverint universi presentes pariter et futuri quod*, etc... et se termine par : *In quorum omnium testimonium, nos, regens predictus, sigillum nostrum presentibus apponi fecimus, et appendi. Acta fuerunt hec, diebus et locis predictis,*

1. Arch. nat , JJ 66, n° 51.
2. Arch. nat., JJ 66, n° 156.

anno Domini MCCCXXVII ; tandis que le diplôme de Philippe de Valois commence par l'invocation à la Trinité et se termine d'une manière solennelle par la souscription des grands officiers et le monogramme. Il est bien certain que dans ces deux cas, si la chancellerie de Philippe VI eût subi l'influence des pièces qu'elle vidimait, c'eût été, non pour libeller des actes à forme solennelle, mais, au contraire, de simples lettres.

Dans les trois autres diplômes qui sont des sauvegardes concédées : la première [1], en janvier 1330 (n. st.), à l'évêque et à l'église de Condom ; la deuxième [2], en février 1330 (n. st.), au monastère cistercien de Lachalade [3] ; et enfin, la troisième [4], à la même date, au monastère bénédictin de Chaumes [5], nous trouvons, après l'invocation et la suscription, un long préambule qui est presque le même dans ces trois pièces [6].

Quant à la formule finale, elle change pour l'annonce du sceau, du monogramme et pour la date dans ces différents diplômes. Dans l'un [7], on n'a que l'annonce du sceau [8] ; le monogramme, quoique figurant dans l'acte, n'est pas

1. Arch. nat., JJ 66, n° 195.
2. Arch. nat., JJ 66, n° 138.
3 Lachalade, Meuse, arr. de Verdun, cant. de Varennes-en-Argonne.
4. Arch. nat., JJ 66, n° 336.
5. Chaumes, Seine-et-Marne, arr. de Melun, cant. de Tournan.
6. Notum facimus.... quod inter curas et urgentes sollicitudines quibus in regendis subditis nobis plebibus frequenter distrahimur et animus noster afficitur, ad hec precipue nostre mentis aspirat affectus, per que status ecclesiasticus, nostris temporibus, sub commisso nobis re gimine, in transquillitate manutencatur et pace, et ipsius regni ecclesie, quarum servitores, ob devote religionis observantia[m], nocte dieque insistunt obsequiis, sub protectione regia a suis releventur pressuris et per regalem potenciam, a noxiis deffendantur ut eo liberius et fervencius circa Domini cultum vacare valeant quo habundancius per nos senserint se adjutos.
7. Arch. nat., JJ 66, n° 51.
8. Quod ut firmum et stabile permaneat in futurum, presentibus litteris nostrum fecimus apponi sigillum.

annoncé. Dans les autres, nous avons ces différentes formules pour annoncer le sceau et le monogramme : *Quod ut perpetuo firmitatis robur obtineat, presentes litteras sigilli nostri impressione et regii nominis karactere inferius annotato fecimus communiri* [1].

Quod ut firmum et stabile perpetuo perseveret, presentes litteras sigilli nostri appensione et regii nominis cara[c]there inferius annotato fecimus communiri [2].

Quod ut robur perpetue firmitatis obtineat, presentem paginam sigilli nostri appensione, regiique cha[rac]there nominis inferius annotato, fecimus communiri [3], etc...

Nous ne rencontrons pas moins de variétés dans les dates de ces diplômes et dans les signatures des grands officiers. Dans les uns on ne trouve que les indications du lieu, de l'année et du mois ; dans d'autres on a ajouté l'année du règne. Dans les uns, la participation du chancelier à la confection de l'acte est annoncée ; dans un autre elle est supprimée. Enfin, tous ces actes se terminent, comme les lettres ordinaires de cette époque, par la mention du notaire faisant connaitre qui avait commandé l'acte et sur le rapport ou à la relation de qui il avait été fait [4].

Le monogramme placé vers la fin de l'acte, en général au milieu des souscriptions des grands officiers, est bien un

1. Arch. nat., JJ 66, n° 195.
2. Arch. nat., JJ 66, n° 138.
3. Arch. nat., JJ 66, n° 156.
4. Voici les différentes formules que nous avons relevées pour la date et pour les signatures des grands officiers : *Actum Parisius, anno Domini millesimo CCC vicesimo nono, mense Januarii, regni vero nostri anno secundo, astantibus in palatio nostro quorum nomina subscripta sunt et signa. Dapifero nullo. Signum Henrici buticularii. Signum Ludovici camerarii. Signum Radulphi constabularii. Data per manum Guillelmi cancellarii* (JJ 66, n° 195). Dans le JJ 66, n°° 51 et 336, on a la même formule, avec l'année du règne en moins. Dans le JJ 66, n° 156, on a : *Datum et actum Parisius anno Incarnati Verbi*, etc., sans l'année du règne et dans le n° 138, on a cette même formule *Datum et actum*, etc., avec l'année du règne, mais sans la mention du chancelier.

monogramme particulier à Philippe de Valois. Il ne figure pas en effet au tableau des différents monogrammes publiés dans le Glossaire de Du Cange.

Voici la forme de ce monogramme d'après le registre JJ 66, pièce nᵒ 156 :

Si dans les cinq diplômes de Philippe VI de Valois que nous venons de signaler, nous avons pu relever une certaine variété dans les formules indiquant que la chancellerie ne suivait pas alors pour ces actes des règles bien fixes, nous ne constaterons pas une diversité moindre dans les formules des lettres en forme de chartes. Nous avons trouvé exactement quarante de ces chartes. Elles s'échelonnent entre le mois d'août 1329 et le mois de mars 1331 (n. st.), c'est-à-dire sur un intervalle de vingt mois.

Sur ce nombre, seize sont des lettres de rémission, des confirmations de donations ou de coutumes, des concessions de biens, des règlements de litiges, des échanges de revenus, etc., concernant des laïcs, les vingt-quatre autres, données pour des motifs analogues, se rapportent à des ecclésiastiques, à des fondations religieuses, ou confirment des sentences rendues par des tribunaux ecclésiastiques.

Au point de vue de la langue, le nombre des lettres écrites en latin est bien supérieur à celui des lettres écrites en français. Huit seulement sont en cette dernière langue et trente-deux en latin. C'est une proportion très sensiblement supérieure à celle de l'ensemble des actes de ce règne, dont une bonne partie est écrite en français.

Si nous examinons les formules initiales de ces lettres patentes en forme de charte, nous verrons qu'on peut les diviser en deux classes : l'une ne comprenant que treize lettres, dans lesquelles a été conservée l'invocation à la Trinité ; l'autre qui comprend vingt-sept lettres débutant par une invocation plus abrégée à Dieu. Parmi celles qui débutent par l'invocation à la sainte Trinité, les unes n'ont que la formule abrégée : *In nomine sancte et individue Trinitatis, Amen. Philippus* [1], etc... ; d'autres, les formules plus développées : *In nomine sancte et individue Trinitatis, Patris et Filii et Spiritus sancti, Amen. Philippus,* etc. [2] ; ou, en français : « En nom de la sainte Trinité, le Père, le Fil et le saint Esperit [3] », ou encore : « En nom du Père et du Fil et du saint Esperit [4] » ; « En non du Père et du Fil et du saint Esperit, Amen [5]. » Une charte du 7 septembre 1329, par laquelle Philippe de Valois fonde et dote six chapellenies et deux offices de clercs perpétuels en la chapelle du Gué de Mauny, débute d'une manière toute particulière et que nous citerons à cause de sa singularité [6] : « Ou nom du Père et dou Filz et saint Esperit. Amen. A l'eneur de Dieu tout puissant et de Nostre-Dame, Nous Philippes, par la grâce de Dieu, rois de France, pour le salut des âmes de nous et de nostre très chiére compaigne Jehanne de Bourgoigne, royne de France et de noz enfanz, fundons, etc... »

La dernière catégorie de chartes n'offre pas autant de variétés : Toutes débutent par cette invocation : en latin,

---

1. Arch. nat., JJ 66, n°° 72, 189, 191, 331, 732.
2. Arch. nat., JJ 66, n°° 125, 205, 349, 915.
3. *Ibid.*, n° 730.
4. *Ibid.*, n° 829.
5. *Ibid.*, n° 512.
6. Arch. nat., JJ 66, n° 181.

In nomine Domini, Amen [1] ; ou *In Dei nomine, Amen* [2] ou *In nomine Domini* [3] et en français, « Ou nom » ou « En nom de Nostre Seigneur, Amen* [4]. »

Après l'invocation et la suscription, le sujet des lettres est en général de suite énoncé. Cependant nous pouvons encore signaler dans quelques-unes de ces lettres un préambule plus ou moins long et plus ou moins solennel, dans le genre de celui des diplômes [5].

Si toutes ces chartes diffèrent des autres lettres patentes par leurs formules initiales, elles n'offrent avec elles aucune différence dans les formules finales. On y retrouve la même annonce du sceau et la même manière de dater l'acte :

Quod ut firmum (ou *ratum) et stabile perpetuo perseveret,* (ou *permaneat in futurum), nostrum litteris presentibus fecimus apponi sigillum* (ou *sigilli nostri munimine roborari). Actum,* etc..., et plus rarement *Datum* ou *Actum et datum,* etc. [6]. Dans quelques-unes, après l'annonce du sceau, on ajoute la clause de réserve : *nostro et alieno in omnibus jure salvo.* Dans les actes écrits en français, ces formules se présentent ainsi : « Et que ce soit ferme chose et estable à touzjours, nous avons fait mettre nostre seel en ces presentes lettres », ou « nous avons fait seeler ces presentes lettres de nostre seel ». La clause de réserve existe dans deux lettres en français, seulement, sous cette forme,

---

1. Arch. nat., JJ 66, n⁰ˢ 56, 67, 79, 95, 98, 296, 314, 315, 325, 337, 342, 362, 416, 735, 736, 737, 738, 739, 781, 782.

2. *Ibid.,* n⁰ˢ 307, 308.

3. *Ibid.,* n° 65.

4. *Ibid.,* n⁰ˢ 330, 333, 393, 489.

5. *Ibid.,* n⁰ˢ 72, 125, 333, 337.

6. Voici quelques variantes dans ces formules : *Quod ut perpetuu stabilitate persistat, presentes litteras fecimus roborari nostri appensione sigilli. Actum,* etc. (Arch nat. JJ 66, n° 915). *In cujus rei testimonium, nostrum presentibus litteris fecimus apponi sigillum. Datum,* etc. (Arch. nat., JJ 66, n⁰ˢ 56, 98).

« sauf es autres choses nostre droit et en toutes l'autrui ». La date est annoncée par « Ce fut fait à... » ou « Fait à... » ou « Donné à..., Donné et fait à [1]... »

En somme, l'ensemble des pièces que nous signalons présente une particularité, je dirai plus, une anomalie dans la chancellerie de Philippe VI de Valois. En effet, sur peut-être plus de dix mille lettres de ce roi qu'il nous a déjà été donné d'examiner, nous n'avons rencontré que ce petit nombre : exactement quarante-cinq. Et pendant ce règne de vingt-deux ans, on ne trouve ces actes que pendant un espace de vingt mois.

On peut se demander quel peut être le motif qui détermina la chancellerie royale à expédier de semblables lettres. De prime-abord, on pourrait penser qu'il peut y avoir là une influence du chancelier ; mais, quand on examine la question de près, on est bien obligé de repousser cette hypothèse. Ces chartes vont, avons-nous dit, du mois d'août 1329 au mois de mars 1331. Or, pendant cette période, nous voyons se succéder trois chanceliers : Mathieu Ferrand, du 6 juillet au 7 septembre 1329 ; Jean de Marigny, du 7 septembre à la Saint-Martin (11 novembre 1329), et enfin, Guillaume de Sainte-Maure, depuis la Saint-Martin 1329 jusqu'à 1334 [2]. On ne saurait non plus y voir l'influence d'un notaire ; car si les cinq diplômes sont signés par le même, Jean du Temple ; au bas des lettres en forme de charte, nous trouvons successivement les noms de G. Juliot, de P. Barrier, de R. de Molins, de

---

1. Nous signalerons d'une manière particulière les formules finales de l'acte de fondation des chapellenies du Gué de Mauny, qui, de même que les formules initiales, sont singulières : « Et en confirmacion des choses dessus dictes, à ce que soit ferme et estable et pardurable, nous avons fait mettre à cestes lettres nostre grant seel en soye et en cire vert en tesmoing de verité. Ce fu donné au Gué de Mauny, près dou Mans, ou jour de Jeudi veille de la Nativité de Nostre Dame, ou mois de Septembre, en l'an de grâce mil CCC vint et neuf. » (Arch. nat., JJ 66, n° 181).

2. Le P. Anselme, *Hist. généal.*, t. VI, p. 310 et suiv.

Vistrebet, d'Aubigny, de Verberie, de Jacines, de Lagatu. Il faut également, croyons-nous, écarter pour la majeure partie l'influence des actes vidimés, car sur la quantité nous en trouvons quatre seulement qui auraient pu influencer les rédacteurs de la chancellerie de Philippe VI : un diplôme d'Henri Ier du 1er mars 1057 [1] et un de Philippe Ier de 1075-1076 [2], commençant par l'invocation à la Trinité comme les lettres de Philippe VI [3], et deux sentences, l'une de l'officialité d'Orléans [4], l'autre de l'officialité de Troyes [5], commençant aussi comme les lettres de Philippe VI qui les vidiment par *In nomine Domini, Amen.*

Nous croyons que sous ces bizarreries diplomatiques, se cache peut-être un but politique. Comme on a pu le voir, toutes ces pièces sont du commencement du règne de Philippe VI. Philippe de Valois ne fut pas un roi que le jeu normal de l'hérédité appela au trône, comme ses prédécesseurs. Il ne faut pas oublier que son droit fut fortement discuté et que s'il eut de chauds partisans, il eut aussi de nombreux adversaires. Il n'y a donc rien de surprenant que Philippe de Valois ait essayé ainsi, dans un certain nombre d'actes solennels, à se poser comme l'héritier légitime et le continuateur des premiers Capétiens et à affirmer qu'il tenait de Dieu son droit de régner. Ce qui semblerait confirmer cette hypothèse, ce sont surtout les lettres de fondation des chapellenies du Gué de Mauny, où après l'invocation à la Trinité, il s'affirme d'une façon toute particulière : *Nous, Philippe, par la grâce de Dieu, rois de France,* et dont on trouve des exemples de plus en plus

---

1. Voir Frédéric Soehnée, *Catalogue des actes d'Henri Ier*, n° 107.

2. Voir Prou, *Recueil des actes de Philippe Ier, roi de France,* p. 200, n° 79.

3. Arch. nat., JJ 66, n°s 349 et 205

4. *Ibid.,* n° 98.

5. *Ibid.,* n° 325.

rares dans la chancellerie royale après Louis VII [1].

Enfin, quel que soit le mobile auquel ait obéi la chancellerie de Philippe de Valois dans la rédaction de ces actes, il n'en était pas moins utile de les faire connaître. On constatera ainsi que l'usage des diplômes et de l'invocation au début des chartes s'est conservé plus longtemps qu'on ne l'avait cru jusqu'ici.

1. Voir Mabillon : *De re diplomatica*, ch. III, p. 68 à 80, et Giry, *Manuel de diplomatique*, p. 733 et 744. Nous signalerons encore des lettres de Philippe VI, du mois de septembre 1331, commençant par : « Nous Philippe, par la grâce de Dieu rois de France..., publiées dans les *Documents parisiens du règne de Philippe VI de Valois*, t. I, p. 127, n° LXXX, d'après JJ 66, n° 936.

Jules VIARD.